Stéphane Hessel

¡Comprometeos!

imago mundi

Stéphane Hessel

¡Comprometeos!
Ya no basta con indignarse

Conversaciones
con Gilles Vanderpooten

Traducción de Rosa Alapont

Ediciones Destino Colección Imago Mundi **Volumen 206**

Título original: *Engagez-vous!*

Diagonal, 662-664. 08034 Barcelona
www.edestino.es

Primera edición: junio de 2011

ISBN: 978-84-233-4513-7
Depósito legal: B. 23.603-2011
Impreso por Industria Gráfica Cayfosa, S. A.
Impreso en España-*Printed in Spain*

El papel utilizado para la impresión de este libro es cien por cien libre
de cloro y está calificado como papel ecológico.

ÍNDICE

CARTA DE LOS AUTORES

Queridos amigos de los pueblos de España:

«¡Indignaos!». El mensaje se oye en muy diversos países de Europa y del mundo. El sentido de la indignación se extiende, y pone de manifiesto una viva esperanza por parte de los ciudadanos de las sociedades modernas, y sus preocupaciones.

La gravedad de la situación ecológica, las desigualdades cada vez más profundas, el egoísmo de los poderosos, la dictadura de los mercados, la violación de valores fundamentales y tantos otros peligros a los que nos vemos enfrentados nos imponen a un tiempo reflexionar, comprender y actuar en consecuencia.

Esta situación no hace sino reforzar la incitación, en un momento en que el sur del Mediterráneo nos demuestra que los pueblos pueden agruparse, indignarse y responder a una situación que no les conviene.

Motivos para la indignación no faltan. Y si a veces nos parecen lejanos o abstractos, pueden asimismo presentársenos de forma muy concreta.

España, que a lo largo de las últimas décadas ha vivido una transición democrática, un auge económico y transformaciones sociales que despiertan admiración, no es una excepción:

- los jóvenes, a menudo sin futuro, afectados por el paro y la precariedad laboral;
- la incertidumbre que angustia a millones de trabajadores y a sus familias, sin que nadie les ofrezca perspectivas de mejora a corto o medio plazo;
- la puesta en entredicho de conquistas sociales, logros y derechos adquiridos a lo largo de las últimas décadas a costa de importantes esfuerzos y luchas;
- la especulación inmobiliaria desenfrenada, económica y socialmente absurda, que dificulta el acceso a la vivienda al tiempo que altera los paisajes litorales y el medio ambiente;
- los escándalos de corrupción que implican a dirigentes políticos.

Entonces, ¿qué hacer? Este mundo extraño e incierto ¿debe por ello desanimarnos y dejar que nos hundamos en el pesimismo?

¡No!

Nuestra capacidad para indignarnos puede y debe llevarnos a acciones constructivas, motivadas por el rechazo de la pasividad y de la indiferencia.

Saber decir no. Denunciar. Protestar. Resistir. Indignarnos. Desobedecer, en ocasiones, frente a lo que nos parece no legítimo y cercena las libertades y los derechos fundamentales.

Saber decir sí. Actuar. Militar. Tomar parte en la «insurrección pacífica» que nos permita dar respuestas a un mundo que no nos conviene.

En una palabra: comprometerse.

Comprometerse significa abrirse al mundo que nos rodea. Supone decir, en contra del determinismo histórico, que existe algo que inventar. Es lo contrario del derrotismo y de la resignación.

Hay alternativas: tenemos la posibilidad de seguir los caminos de un mundo mejor gobernado.

¡Llegó la hora de actuar! Los retos, la necesidad de un cambio, las soluciones que es preciso poner en práctica deben comprometer la responsabilidad que nos es propia, la que nos define como personas. Así pues, experimentemos, dirijamos la mutación —ecológica, solidaria, social, ética, económica, política— y tratemos de construir juntos un futuro sostenible. Con el realismo que se impone ante la magnitud de los desafíos y las crisis, pero también con el optimismo de la voluntad.

Describir los grandes retos de nuestro tiempo —entre los que destacan la ecología, la democracia, la justicia social—, indicar ámbitos en los que los jóvenes, y los no tan jóvenes, puedan encontrar materia para desarrollar su dinamismo, su energía creadora y su civismo. Tal es el objeto de esta pequeña obra.

¡Comprometeos! constituye no tanto un programa o una conminación como una incitación a movilizarse. Una invitación a comprometerse personalmente en la vida ciudadana y en las luchas de nuestro tiempo.

Os corresponde a vosotros, amigos de España —país en el que la diversidad de las culturas es mundialmente reconocida—, ciudadanos del mundo, a cada uno de nosotros individualmente, y a todos nosotros colectivamente, encontrar las pistas a través de las cuales «la internacional ciudadana» en gestación podrá dotar de vida este siglo. No para lograr el mejor de los mundos, sino un mundo viable.

Stéphane Hessel
y Gilles Vanderpooten

STÉPHANE HESSEL

El nacimiento de Stéphane Hessel coincide con el principio de la Revolución rusa. Sin embargo, antes que la rebelión, Hessel preferirá la vía de la diplomacia y de las organizaciones internacionales.

La experiencia de la segunda guerra mundial —durante la cual escapa dos veces de los campos de concentración— hace de él un mundialista y un decidido europeísta. Convencido de la urgencia de unirse para prevenir nuevas catástrofes, y creyendo en la necesidad de una organización internacional del mundo, contribuye a la redacción de la Declaración Universal de los Derechos Humanos de 1948. «Se trata tal vez del período más ambicioso de mi vida, con la fascinante sensación de trabajar no por la eternidad, sino por el futuro.»

Pionero de la ONU, embajador de Francia, agregado de Asuntos Exteriores y más tarde del Programa de las Naciones Unidas para el Desarrollo, encarna un «civismo mundial» que lo lleva a comprometerse sucesivamente con los derechos humanos, los sin papeles y los sin techo, la lucha contra las desigualdades y el conflicto palestino-israelí. Para Stéphane Hessel, venerable entusiasta, presente en todos los frentes, la ecología constituye uno de los principales retos del siglo XXI. Hombre optimista, considera a la naturaleza «rica en múltiples ardides» y capaz de burlar todas las trampas de sus criaturas.

Su gran anhelo es que se cree una Organización Mundial del Medio Ambiente, y alienta a las jóvenes generaciones para que mantengan viva la idea de resistencia contra los escándalos que los rodean y que deben ser combatidos con vigor.

Biografía cronológica

20 de octubre de 1917. Stéphane Hessel nace en Berlín, Alemania.

1937. Adquiere la nacionalidad francesa. Entra en la École Normal Supérieure.

1941. Comprometido con la Resistencia, se une al general De Gaulle en Londres.

1944-1945. Detenido por la Gestapo, deportado a Buchenwald y más tarde a Dora, escapa por dos veces de ser ahorcado.

1945. Inicia su carrera diplomática.

1946. Conoce a Henri Laugier, secretario general adjunto de las Naciones Unidas.

1945-1948. Participa en la redacción de la Declaración Universal de los Derechos Humanos.

1953. Primer viaje al África negra.

Junio de 1954. Entra en el gabinete de Pierre Mendès France, presidente del Consejo.

1955. Primer consejero en la embajada de Francia en Saigón.

Mayo de 1958. Fundación del Club Jean Moulin.
1970. Administrador adjunto del Programa de las Naciones Unidas para el Desarrollo (PNUD) en Nueva York.
1977. Embajador de Francia ante las Naciones Unidas.
1981. Elevado a la dignidad de «embajador de Francia».
1981. Delegado interministerial para la Cooperación y la Ayuda al Desarrollo.
1982. Le conceden la jubilación.
1986. Se afilia al Partido Socialista.
1994. Misión de mediación entre hutus y tutsis en Burundi.
1996. Mediador en el asunto de los «sin papeles» tras la ocupación de la iglesia de Saint-Ambroise.
2002. Fundación del Collegium Internacional ético, político y científico, por iniciativa de Michel Rocard y Milan Kučan.
2003. Misión «Testigos por la Paz» en Israel y Palestina.
8 de marzo de 2004. Firma el Llamamiento a los Resistentes con ocasión de los sesenta años del Programa del Consejo Nacional de la Resistencia.
2006. Es elevado a la dignidad de gran oficial de la Legión de Honor.
Agosto de 2006. Lanza un llamamiento contra las incursiones israelíes en el Líbano.
2008. Llamamiento para que el Gobierno francés disponga los fondos necesarios para que todos los sin techo puedan obtener una vivienda.
2008. Recibe el Premio Unesco/Bilbao por la promoción de una cultura de los derechos humanos.

15 de marzo de 2009. Apoya a Europa Ecología en las elecciones europeas.

17 de diciembre de 2009. Coautor de la Carta de la Gobernanza Mundial, junto con Fernando Henrique Cardoso, Michel Rocard, Milan Kučan, Edgar Morin, René Passet y Michael W. Doyle.

2010. Candidato «simbólico» de Europa Ecología en las elecciones municipales de París.

Octubre de 2010. Publica *Indignez-vous!* (Indigène Éditions). [Edición en español: *¡Indignaos!*, Destino, febrero de 2011.]

Abril de 2011. El filósofo Edgar Morin, el ex primer ministro francés (1988-1991) Michel Rocard, el filósofo Peter Sloterdijk y el presidente de la RFA y de la Alemania unificada (1984-1994) Richard von Weizsäcker proponen a Stéphane Hessel como candidato al Premio Nobel de la Paz 2011.

¡COMPROMETEOS!

RESISTENCIAS CONTEMPORÁNEAS

Gilles Vanderpooten: *Uno de los mensajes que dirige a la juventud es el de resistir, como usted mismo hizo. Dice: «Basta que haya una minoría sólida, activa, de jóvenes que consideren que el compromiso significa algo, y en ese momento tendremos una Francia resistente».*[1] *¿Cómo se traslada el espíritu de la Resistencia a la actualidad? ¿En qué luchas concretas es necesario comprometerse?*

Stéphane Hessel: La Resistencia fue un momento histórico muy especial, y no existe razón alguna para que se reproduzca de la misma forma: un país ocupado, gente que debe oponerse a una situación que le resulta insoportable.

Sin embargo, hoy nos encontramos ante otras si-

1. En *Walter, retour en résistance*, documental de Gilles Perret.

tuaciones insoportables contra las que deberíamos tener el mismo tipo de reacción. En la época de la Resistencia, estábamos indignados por la ocupación nazi, Auschwitz, el nazismo, el antisemitismo... Y confiábamos en dar vida a los valores del Programa del Consejo Nacional de la Resistencia en cuanto Francia fuera liberada.

G. V.: *El Programa del Consejo Nacional de la Resistencia apelaba a medidas muy concretas, como «la devolución a la nación de los grandes medios de producción monopolizados, fruto del trabajo común; de las fuentes de energía; de las riquezas del subsuelo; de las compañías de seguros y de los grandes bancos». ¿Cree que esas medidas siguen estando de actualidad?*

S. H.: Está claro que las cosas han cambiado en sesenta y cinco años. Los retos no son los mismos que conocimos en la época de la Resistencia. En consecuencia, el programa que por entonces proponíamos no puede aplicarse íntegramente en la actualidad, y no se trata de defender un seguidismo ciego. En cambio, los valores que afirmábamos son constantes, y es preciso ceñirse a ellos. Son los valores de la República y de la democracia. Creo que es posible juzgar a los gobiernos sucesivos por el rasero de dichos valores.

El Programa del Consejo Nacional de la Resistencia afirmaba una visión que sigue siendo válida en nuestros días. Rechazar la imposición del beneficio y del dinero, indignarse contra la coexistencia de una extrema pobreza y una riqueza prepotente, rechazar las feudalidades económicas, reafirmar la necesidad de una prensa realmente independiente, garantizar la seguridad social en todas sus formas... Buen número de esos valores y derechos adquiridos que ayer defendíamos se encuentran hoy en dificultades o incluso en peligro.

Muchas de las medidas recientemente adoptadas conmocionan a mis camaradas resistentes —y nos conmocionan— porque van en contra de tales valores fundamentales. Creo que es preciso indignarse, sobre todo los jóvenes. ¡Y resistir!

Resistir supone considerar que hay cosas escandalosas a nuestro alrededor que deben ser combatidas con vigor. Supone negarse a dejarse llevar a una situación que cabría aceptar como lamentablemente definitiva.

G. V.: *¿Cuáles son los principales escándalos en la actualidad?*

S. H.: Creo que el escándalo mayor es de índole económica: las desigualdades sociales, la yuxtaposición de la extrema riqueza y la extrema pobreza en un planeta interconectado. No se trata únicamente de la existencia de los países ricos y los países pobres, sino del aumento de la distancia que existe entre ellos, en especial durante los últimos veinte años. La lucha por que se reduzca es del todo insuficiente.

Hay que hacer llegar este mensaje a las jóvenes generaciones. Sin embargo, resistirse a este tipo de injusticia resulta mucho más complejo que resistirse a la ocupación alemana. En aquella época, te unías a un grupo de resistentes, hacías descarrilar un tren... ¡Era relativamente sencillo! Hoy, sólo reflexionando, escribiendo, participando democráticamente en la elección de los gobernantes puedes confiar en lograr que las cosas evolucionen de forma inteligente... En resumen, mediante una acción a muy largo plazo.

G. V.: *¿Cómo ilustrar el «escándalo de la desigualdad», que puede parecer algo lejano a muchos de nosotros?*

S. H.: No basta con indignarse ante «la injusticia del mundo», como si se tratara de un vasto panorama... Muy concretamente, la injusticia se presenta ante mi puerta, ahora, de manera inmediata.

Vivo en Francia, donde hay ricos y pobres. Aquí existen situaciones en las que esta pobreza es especialmente sensible, y se manifiesta en el hecho de que no se hace lo que se debería por las personas que se encuentran de pronto en el paro y pierden sus medios de subsistencia, mientras que sus jefes ganan sumas considerables.

¿Qué puedo hacer ante tal estado de cosas? Puedo ponerme en contacto con los afectados, prestarles un apoyo intelectual o militante, ayudar a las personas que viven en condiciones de escándalo. Esta diferencia entre los muy ricos y los muy pobres, que suscita mi indignación, es susceptible de llevarme a una acción concreta. Para este primer reto, la palabra «resistir» puede tener un sentido específico.

Cuando conozco a estudiantes de secundaria que todavía no han decidido qué hacer con su vida, les digo: «Interrogaos sobre lo que os indigna y os escandaliza, y cuando lo hayáis descubierto, tratad de averiguar qué podéis hacer concretamente para luchar contra ello».

G. V.: *La resistencia no es sólo intelectual; exige la puesta en práctica, el paso a la acción. Desde ese punto de vista, ¿no cree que la juventud actual es demasiado conformista?*

S. H.: Resistir no supone simplemente reflexionar o describir. Es necesario emprender una acción. Ahora bien, a este respecto soy relativamente pesimista: las jóvenes generaciones manifiestan escasa resistencia en relación con lo que las escandaliza y contra lo cual deberían reaccionar.

Los jóvenes son tan capaces como yo de reconocer lo que hay de escandaloso en la injusticia económica y social, en la degradación del planeta, en la violencia no reprimida en Darfur, en Palestina, en algunas regiones de África y de Oriente Medio. Es normal que se reflexione sobre ello y que se hable al respecto... Pero ¿cómo conseguir que esta actitud desemboque en un compromiso práctico?

Con todo, a veces también se indignan: lo vimos con ocasión de las manifestaciones contra la reforma de la jubilación.* Más allá de tal o cual reivindicación, hay una sensación generalizada de que a la juventud no se la escucha, y que no se siente satisfecha con la forma en que se la gobierna. Estoy preocupado por la distancia inconmensurable que existe entre las fuerzas políticas y la juventud francesa.

* El 10 de noviembre de 2010, el presidente de la República francesa, Nicolas Sarkozy, promulgó una ley de reforma de las pensiones en Francia. De acuerdo con la nueva ley, la edad mínima de jubilación pasa de 60 a 62 años, y la edad de jubilación para cobrar la pensión completa en el caso de aquellas personas que no han cotizado la totalidad del período requerido se retrasa de los 65 a los 67 años. *(N. de la t.)*

G. V.: *A propósito del conflicto palestino-israelí, se expresó usted con firmeza en favor de los derechos de los palestinos y contra la política del gobierno de Israel. Se trata de un compromiso fuerte y decidido por su parte, pero no carente de riesgos: ¡incluso llegaron a perseguirlo por «incitación pública a la discriminación»!*

De ahí la siguiente pregunta: tomar partido y comprometerse ¿supone necesariamente correr riesgos? ¿Debe uno en ocasiones renunciar a su libertad de expresión?

S. H.: ¡Jamás! La libertad de expresión es un derecho adquirido al que no se debe renunciar en ningún caso. Los riesgos que tal vez haya que correr constituyen la marca de un carácter firme.

G. V.: *Cuando uno mira a su alrededor, constata que las razones para indignarse son numerosas y pueden concernir a gran parte de la población. Pensemos en las desigualdades salariales, en las deslocalizaciones industriales que reducen a los obreros a la nada, en la dificultad de los jóvenes para encontrar un primer empleo, incluso en el hecho de que los ejecutivos se sienten cada vez más desposeídos de su trabajo por el empobrecimiento del contenido del mismo, la cultura de la «presión», los métodos de gestión arriesga-*

dos y conflictivos, etcétera. De manera más general, ante la crisis actual, y ante las desigualdades que crecen por doquier en el mundo, ¿resulta posible, incluso deseable, una revolución?

S. H.: Mi generación contrajo una verdadera alergia a la idea de revolución mundial. Un poco porque nacimos con ella. En mí, que nací en 1917, año de la Revolución rusa, constituye una característica de mi personalidad. Adquirí la certeza, tal vez injusta, de que no es por medio de acciones violentas, revolucionarias, que derriben las instituciones existentes, como se puede hacer progresar la historia.

Estoy convencido de que son posibles los progresos mediante la cooperación entre las fuerzas implicadas. Soy un partidario incondicional de la ONU. Considero que los dos grandes logros de mi generación fueron, por una parte, crear la Carta de las Naciones Unidas y a continuación la Declaración Universal de los Derechos Humanos y, por otra, pacificar Europa. Pero también la descolonización. Son conquistas a las que es preciso aferrarse. No hay que ponerlas en tela de juicio, aunque todavía no aporten la solución a problemas más graves.

Creo que las Naciones Unidas han realizado ciertos progresos. Es necesario reforzar esta organización, apoyarla, dotarla de mayor autoridad y mayores recursos, en vez de intentar desmantelarla para luego sustituirla. Con todo, un joven de veinticinco años puede plantearse esta pregunta: ¿Debemos continuar, construir más, o crear otra cosa por completo diferente?

En todas las sociedades existe una violencia latente que es capaz de expresarse sin reservas. La hemos conocido en las luchas de liberación colonial. Debemos tener conciencia de que las revueltas, obreras, por ejemplo, aún son posibles. Pero es poco probable que se produzcan habida cuenta de la forma en que la economía se ha desarrollado y globalizado. El modelo de *Germinal** está un tanto superado.

En cambio, dado que los medios de la violencia se han acrecentado, hasta un pequeño grupo radicalizado puede hacer mucho daño. Por consiguiente, no hay que olvidar que la estabilidad de las democracias, pero también de las tiranías, es realmente frágil.

¿Qué impone esto como tarea a los miembros de las jóvenes generaciones? Tomarse en serio los valores en los que basan su confianza o desconfianza en quienes los gobiernan. Es el principio de la democracia, que permite influir sobre los que toman las decisiones.

* Alude al título de la célebre novela de Émile Zola sobre una huelga de mineros en Francia a finales del siglo XIX. Se considera uno de los mejores alegatos jamás escritos en defensa de los oprimidos. *(N. de la t.)*

Creo que la diferencia entre mi generación y la suya es que mi civismo era aún esencialmente nacional; me preocupaba del buen funcionamiento de Francia y de la supervivencia. En la actualidad, es probable que nos acerquemos a un civismo global, siquiera sea porque nos damos cuenta de que ningún Estado individual está en condiciones de hacer frente a los retos de que hablamos. Y que no basta con que cuente con el mejor gobierno posible; también se requiere que forme parte de un conjunto.

G. V.: *Junto con eso, incluso en relación directa con la cuestión de las desigualdades: el medio ambiente...*

S. H.: La degradación del planeta y del medio ambiente constituye el segundo gran reto, en todas partes y ahora mismo. Se trata probablemente del desafío que mueve más a las jóvenes generaciones. Lo que nos indigna actualmente es que la Tierra va mal y no hacemos lo que deberíamos, nos mostramos pasivos. También en este caso el término «resistir» puede tener un sentido concreto: protestar contra las actividades de las grandes compañías petroleras o contra las personas cuyo proceder es contrario a la necesidad de prever y de combatir tales degradaciones.

G. V.: *¿Considera el compromiso ecológico tan evidente y tan imperioso como lo era para ustedes la Resistencia?*

S. H.: Creo, en efecto, que el compromiso con la ecología es tan fuerte como lo era para nosotros el compromiso con la Resistencia.

El interés del término «ecología» estriba en que se articula en problemas muy determinados, ciertamente con mayor facilidad que el compromiso en la lucha contra la injusticia. El compromiso de vuestra generación por limitar el consumo excesivo de energía y de recursos es uno de los objetivos concretos en los que cabe actuar por uno mismo y en colaboración con organizaciones constituidas para resistirse a las derivas automovilísticas, nucleares, etcétera. Uno puede comprometerse individual o colectivamente, y dar un sentido muy específico a aquello contra lo que lucha.

DEL DESARROLLO AL DESARROLLO SOSTENIBLE

G. V.: *Formuló usted una crítica determinada sobre la concepción en extremo liberal del desarrollo tal como ha sido entendido durante mucho tiempo por Estados Unidos.*

S. H.: Hay que tomar la palabra «desarrollo» con precaución. No se trata de imponer a determinado pueblo, que todavía no dispone de ellos, los medios de producción y de explotación de los recursos que nosotros, los países del norte, industrializados, hemos utilizado para llegar al punto de dominación económica.

Cuando el presidente Truman lanzó el Plan Marshall,* sólo hablaba de asistencia técnica y de apoyo

* Programa de Reconstrucción Europea —más conocido por el nombre del Secretario de Estado que lo impulsó, George Marshall— que puso en marcha Estados Unidos en 1947 para apoyar la recuperación de las economías europeas más dañadas por la segunda guerra mundial. (*N. de la t.*)

económico, con lo que pretendía llevar a las regiones a familiarizarse con las técnicas de industrialización. Imaginaba que, gracias a ello, siguiendo las etapas «lógicas» del desarrollo tal como las definió Rostow, empezaría una evolución de todas las sociedades y poblaciones del mundo, que habría de seguir el mismo camino recorrido por Europa, Canadá y Estados Unidos. No tardaron en darse cuenta de que la cosa no funcionaba. Que lo único que conseguía era hacer más fácil la explotación, por parte de los países ya industrializados, de los recursos de los países que intentaban desarrollar. Poco a poco comprendieron —y la etapa principal de esta asunción fue la conferencia de París sobre los Países Menos Adelantados (1981)— que los progresos en bienestar, que no eran forzosamente progresos en términos de producto interior bruto (PIB), únicamente podían emanar de la toma en consideración, por parte de las poblaciones, de su evolución más que de su desarrollo, es decir, de su preocupación por la educación, por la protección de la salud, de su cultura y su identidad propias... Todo esto fue descrito y dado a conocer por alguien de quien no se habla lo suficiente: el economista pakistaní Mahbub ul Haq, que creó un nuevo concepto para explicarlo: el índice de desarrollo humano (IDH).

G. V.: *¿Cómo concibe un desarrollo beneficioso para todos?*

S. H.: Cada vez estoy más convencido de que para la evolución de los países pobres sólo son útiles las acciones encaminadas a protegerlos contra los estragos de la economía comercial mundial, así como a establecer progresivamente las bases de toda evolución: la escolarización, la alfabetización, la salud, la producción más cercana al suelo, es decir, la agricultura y la autosubsistencia, y, por ende, la protección de los recursos propios, frente al exceso de importaciones subvencionadas de los países ya ricos.

A partir de 1948 me impliqué en diversas iniciativas en el seno del Programa de las Naciones Unidas para el Desarrollo. Trabajé a favor del desarrollo con la sensación de experimentar cuantiosos fracasos, más numerosos que los éxitos.

Es cierto que hubo progresos en determinadas poblaciones, en especial las que se hicieron cargo de su propio desarrollo, como muchas de América Latina, Corea del Sur e Indonesia. Sin embargo, los cuarenta años transcurridos entre 1948 y 1988 esencialmente estuvieron marcados por fracasos. No se consiguió el desarrollo que esperábamos.

Con todo, hemos aprendido; desde hace veinte años asistimos a un progreso real: la pobreza empieza a ser combatida con mayor eficacia. En cambio, la ayuda no ha avanzado, sigue siendo muy insuficiente: en 1964 se preveía dedicar a ello el 0,7 por ciento del PIB; en la actualidad estamos en el 0,25 por ciento. Soy muy crítico con los países industrializados, que no han mantenido sus compromisos.

G. V.: *¿Cómo comprometerse en ese sentido en la actualidad?*

S. H.: Entre los compromisos realmente valiosos que puede adoptar la nueva generación, destaca el de actuar a favor del desarrollo, pero esta vez en cooperación con las juventudes de los países pobres. La generación de sus padres vivió una época en que intentaba hacer cosas, pero sin disponer de los medios ni la estrategia necesarios. Hoy se estima que alguien que tiene veinticinco años y que está en contacto con asiáticos o africanos puede hallar la forma de dar sentido a su vida ayudándolos a superar sus propias dificultades.

G. V.: *¿Qué piensa de la noción, tan contemporánea, de «desarrollo duradero»?* *

* En francés, en lugar de «desarrollo sostenible» se utiliza habitualmente la expresión «*développement durable*», es decir, «desarrollo duradero». He optado por mantenerla en este caso para dar sentido a la puntualización del autor en los párrafos siguientes. *(N. de la t.)*

S. H.: La noción de desarrollo sostenible resulta más elocuente, porque lo de duradero..., ¿qué significa la duración...? El desarrollo se apoya en los recursos naturales. Ahora bien, como la Tierra se está degradando, corremos el riesgo de que ya no sea capaz de dispensar los recursos necesarios para el desarrollo.

«Desarrollo sostenible» significa que no se deben explotar los recursos de manera salvaje y con las miras puestas en el corto plazo. Por el contrario, hay que tratarlos como haría un buen jardinero, es decir, cultivar plantas o desarrollar técnicas en condiciones que les permitan seguir desarrollándose: la energía y los recursos deben ser renovables.

Eso no significa que haya que producir menos, sino de otra manera: producir muchos menos recursos que puedan poner en peligro el planeta y más que respondan a las necesidades reales de las poblaciones. Es la diferencia entre agricultura de exportación y agricultura de subsistencia.

G. V.: *Precisamente, la defensa de una agricultura de subsistencia, local, es una cuestión que le preocupa, a juzgar por su compromiso con la ONG Agrisud...*

S. H.: La agricultura tradicional constituía una manera útil de garantizar cierto respeto del derecho a la alimentación, derecho fundamental incluido en la

Declaración Universal de los Derechos Humanos. Ahora bien, la agricultura practicada estos últimos años en los países en vías de desarrollo, mayoritariamente industrial y exportadora, ha tenido efectos destructores. No ha permitido luchar eficazmente contra la subalimentación; al contrario, ha favorecido las importaciones agrícolas procedentes de los países industrializados, que hacen la competencia a los campesinos locales y arruinan su comercio. Por consiguiente, hay que reformarla.

Entre los objetivos del Milenio por el Desarrollo destaca el de reducir a la mitad el número de pobres, y por lo tanto de subalimentados, antes de 2015. Esta meta dista mucho de poder alcanzarse. Cientos de miles de personas siguen muriendo de hambre, pese a las sucesivas revoluciones verdes.* Estas revoluciones han sido más perjudiciales que beneficiosas, y es evidente que hoy necesitamos otros tipos de agricultura. La agroecología constituye una de las soluciones, porque se preocupa al mismo tiempo por el medio ambiente y por la alimentación. Es lo que defendemos en Agrisud: una agricultura practicada de manera inteli-

* Se conoce como revolución verde al proceso de desarrollo y expansión de semillas y técnicas agrarias de alta productividad en varios países en vías de desarrollo durante los años sesenta y setenta del siglo XX. Por extensión, se aplica el término revolución verde a cualquier sistema de mejora de la productividad agraria. *(N. de la t.)*

gente, que garantice el sustento a los diez mil millones de seres humanos que se espera que habiten la Tierra durante los próximos decenios. La agroecología es posible, existe, y es preciso generalizarla. La tarea resulta ingente, y para conseguirlo necesitamos el compromiso de los Estados, de las instituciones, de las empresas... y por supuesto de los ciudadanos.

G. V.: *La noción de desarrollo ¿no está en sí misma sujeta a discusión?*

S. H.: Si por desarrollo entendemos cada vez más técnica, cada vez más energía —en pocas palabras, repetir lo que veníamos haciendo—, es evidente que vamos directos al fracaso.

En la práctica, sólo cabe desear que algunos países tengan mayores recursos a su disposición, ¡y que por consiguiente se desarrollen! Ahora bien, estos recursos deben ser compatibles con el mantenimiento del equilibrio ecológico. Desde un punto de vista más global, nuestro enriquecimiento tiene que ser esencialmente cultural, espiritual, ético, en vez de un enriquecimiento puramente cuantitativo que se traduce en un incremento de la cantidad de energía utilizada, o del número de productos financieros que salen al mercado. Es preciso romper con este pensamiento productivista, basado en el «cada vez más».

LA CONSTRUCCIÓN DE LA CONCIENCIA ECOLÓGICA

G. V.: *Usted nació urbanita, y sigue siéndolo... ¿Tiene una sensibilidad especial hacia la naturaleza? Dicho de otro modo, ¿cómo ha ido integrando la ecología en su trayectoria?*

S. H.: Soy consciente de mi retraso respecto de la preocupación medioambiental concreta. Por una parte, es cierto que al trabajar en las Naciones Unidas, a lo largo de buena parte del siglo pasado —durante el cual se celebró la conferencia de Estocolmo—, colaboré con gente que participaba en esa lucha por el medio ambiente. Pero, por otra parte, me doy cuenta de que en mi comportamiento individual sigo siendo muy culpable... Por ejemplo, no tengo coche no por su carácter contaminante, ¡sino porque ya no lo necesito!

Esta problemática constituye, muy claramente, una cuestión generacional.

Ha evocado usted la Declaración Universal de los Derechos Humanos; hoy parece sorprendente, ¡pero la palabra «Tierra» no figura en ella! En aquella época no se era en absoluto consciente del riesgo que implicaba explotar exageradamente los recursos de la naturaleza.

En alguien como yo, el aprendizaje en materia de ecología se lleva a cabo paso a paso. La lectura de Jacques Robin,* en concreto de su obra *Changer d'ère*,[2] supuso un momento importante en mi recorrido vital, como por otra parte la obra de Edgar Morin.** Ambos son los propagadores de una conciencia cada vez mayor de los problemas ecológicos.

Me he ido volviendo más sensible a la cuestión de la ecología desde el punto de vista intelectual que en la práctica cotidiana. Y cuando hablo con gente de vuestra generación, siempre le digo: «Uno de vuestros retos más importantes es la Tierra».

G. V.: *¿Qué significa hoy para usted «ser ecologista»?*

* Médico que pasó de director general de una multinacional química a agitador intelectual a través de la revista *Transversales. Sciences & Culture*, de la que fue fundador. *(N. de la t.)*

2. Seuil, 1989.

** Filósofo y sociólogo francés nacido en 1921. Es uno de los pensadores más significativos de finales del siglo xx. *(N. de la t.)*

S. H.: Ser ecologista supone darse cuenta —algo que ahora es una evidencia— de que el hombre no es el amo de la naturaleza, sino un objeto natural más, y en consecuencia que la evolución del planeta constituye un marco en el que él mismo evoluciona.

Comprender cómo cambia la naturaleza, cuáles son los riesgos que corre, ya sea por su propia evolución o por la acción del hombre, supone abrir paso a una estrategia inteligente para preservar los equilibrios indispensables sin los cuales la supervivencia de las sociedades humanas no resulta posible.

Así es como imagino el cambio: el nuevo hombre no es el hombre de la Biblia al que Dios dice: «Serás el amo de la naturaleza», sino el hombre instruido por un mejor conocimiento de cómo funciona esa naturaleza.

ECOLOGÍA Y ACCIÓN POLÍTICA

G. V.: *Por su condición de observador privilegiado, ha seguido las cumbres internacionales sobre la cuestión medioambiental desde la de Estocolmo, en 1972, hasta la conferencia sobre el clima de Cancún en 2010. ¿Cree que las decisiones que se desprenden de ellas están a la altura de la urgencia de lo que está en juego?*

S. H.: Seguí las grandes conferencias mundiales de Estocolmo, Río y Johannesburgo. Durante la primera conferencia de las Naciones Unidas sobre el medio ambiente, que se celebró en 1972 en Estocolmo, por mucho que se dijera: «Cuidado, pueden sobrevenir cosas muy graves», la gente se lo tomaba a risa. En 1992, en Río, se repitió más o menos lo mismo, pero con mayores precisiones todavía, y esa misma gente ya no se reía. En Johannesburgo, en 2002, se avanzó con seriedad en relación con las medidas que había que tomar. Las ideas y los retos ligados al medio ambiente, la ecología y el clima han tardado más de treinta años en imponerse en todos los países...

Al principio no entendía realmente dónde estaba el problema. Fue Thierry Salomon,[3] con quien hice varios viajes, quien me hizo ver con claridad la importancia no sólo de preocuparse por la degradación del planeta, sino de ver cuáles son los puntos en los que corremos riesgos y dónde podemos intervenir.

En el fondo, para mí el problema esencial entre una generación vieja y una generación joven radica en luchar contra la desesperanza. Y entre los riesgos que corre el planeta, está el de la desesperanza. Uno se puede sentir tentado de decirse: «Es demasiado tarde, la hemos liado, ya no hay nada que hacer, estamos perdidos». Sin embargo, hemos conocido un sinfín de problemas que han podido superarse, no hay razón para que lo que hoy parece probablemente perdido no pueda ser probablemente salvado.

El problema es que casi veinte años después de que la conferencia de Río diera a luz la Agenda 21, los Estados siguen sin haber cumplido los compromisos en ella estipulados. Entre los Estados preocupados por su defensa gubernamental y política y la nece-

3. Ingeniero energético, promotor de las energías renovables y del concepto de «negavatio», que «representa la energía no consumida gracias a un uso más sobrio y eficaz de la misma».

sidad de aplicar esa Agenda, falta un factor importante.

Como soy partidario de la institucionalización de los problemas mundiales, reconozco el mérito de que las Naciones Unidas hayan conseguido crear un Programa de las Naciones Unidas para el Medio Ambiente (el PNUMA), pero se trata de algo de poca entidad, que dispone de muy escasos recursos. Incluso después de Río, incluso después de Johannesburgo...

G. V.: *¿Para cuándo una Declaración Internacional para la Conservación del Planeta? Seguimos esperando que se cree una Organización Mundial para el Medio Ambiente (OMMA)...*

S. H.: En efecto, sigue faltando una Organización Mundial para el Medio Ambiente, del mismo modo que tenemos una Organización Mundial para el Comercio (OMC) o un Alto Comisionado de las Naciones Unidas para los Derechos Humanos. Junto al Fondo Monetario Internacional (FMI), estas instancias deberían trabajar juntas, otorgando a la OMMA un papel casi superior, porque el reto que debe afrontar es aún más grave, más cercano, más peligroso que los demás.

Necesitamos una comunidad internacional cuya estrategia sea de entrada definida por una OMMA, a la que se plieguen la OMC y el FMI... Pero los Estados se resisten.

Se trata de una situación un tanto similar a la del derecho penal internacional: sólo existe en la medida en que los Estados aceptan considerarlo por encima de su soberanía nacional. Para que una OMMA pueda imponerse a los Estados, es preciso que éstos le confieran la autoridad necesaria.

Y aun en el caso de que los Estados miembros se pongan de acuerdo para proponer algo en el seno de una OMMA..., ¿cómo tener la certeza de que ellos mismos actuarán en el sentido de las decisiones que tome dicha organización, y de manera lo bastante contundente para que resulte eficaz?

G. V.: *Ante esta necesidad de una OMMA, ¿no le parece que la cuestión del cambio climático tal como fue planteada en Copenhague carece de ambición?*

S. H.: Sentí gran satisfacción al ver que la cumbre de Copenhague era convocada por las Naciones Unidas, a diferencia de los G-7, G-8, G-20, que sólo organizan los propios Estados y sin basarse en una legitimidad mundial, que actualmente sólo puede atribuirse a la ONU. Copenhague, al igual que Río y Johannesburgo, se celebró en nombre de los ciento noventa y dos Estados del planeta. Por consiguiente, se ha superado una etapa muy importante.

Por el momento, lo que ha saltado a un primer plano es el calentamiento global. En cambio, a los demás riesgos se les presta una atención insuficiente. ¿Supondrá acaso un ejemplo útil que ponga de manifiesto que es posible progresar? Sí, si se llega a resoluciones prácticas y útiles. Pero sigo esperando que la idea de una OMMA se concrete. El presidente de Estados Unidos, Barack Obama, pareció interesarse en ello. Es algo muy valioso. No podemos decir que no se mueve nada, que la perspectiva de una acción más enérgica en favor del medio ambiente no está en las mentes... Sin embargo, podemos asimismo darnos cuenta de que, si no se produce una formidable toma de conciencia por parte de aquellos que mañana se harán cargo de las responsabilidades, la cosa puede requerir aún mucho tiempo...

G. V.: *Pasemos a un nivel más restringido, ciñámonos a Francia: a propósito del Pacto Ecológico de Nicolas Hulot,* algunos han deplorado el someti-*

* Presentador de televisión francés, presidente de una fundación por la conservación del medio ambiente y uno de los personajes más conocidos de Francia. En las elecciones presidenciales francesas de 2007 pidió a los candidatos que firmaran un pacto por el cual debían hacer de los problemas ecológicos su prioridad. *(N. de la t.)*

miento del político a las exigencias de la esfera de influencia ecologista... ¿Qué pensó al respecto? Le he oído utilizar la expresión «nicolas-hulotismo». ¿Qué quiere decir con eso?

S. H.: Nicolas Hulot tuvo la inteligencia de no meterse en el seno de un partido; por el contrario, presentó las obligaciones respecto del medio ambiente como algo que superaba las divergencias entre partidos. Considero que es así como se logra fomentar una toma de conciencia y, por lo tanto, eventualmente un compromiso, una movilización, una acción.

Por eso me sentí tan feliz al ver que el grupo de Daniel Cohn-Bendit, Eva Joly y Nicolas Hulot* quería dotar a Europa de un fuerte componente ecológico. En la mente de sus promotores, esta coalición era ciertamente de izquierdas —de hecho, podríamos decir que sólo la izquierda se mueve a la hora de dar un empujón a los conservadurismos económicos que se oponen a una verdadera toma en consideración de la ecología—, pero no se hallaba ligada a un único partido. Pretendía establecer un vínculo entre todos los que consideran que el medio ambiente es lo bastante

* Se refiere a Europa Ecología, el partido de orientación verde creado en 2008 a iniciativa de Daniel Cohn-Bendit, político y líder estudiantil de mayo del 68 en París, y en el que también milita la juez y eurodiputada Eva Joly. *(N. de la t.)*

importante para resultar primordial en el seno del Parlamento europeo.

Anhelo ardientemente una coordinación muy estrecha entre la izquierda europea, que necesitamos a toda costa y que se fijará como primer objetivo la lucha contra la injusticia, y la Europa ecologista, cuya meta será la protección del planeta.

G. V.: *Recientemente intervino usted en política, aportando su apoyo a Europa Ecología. ¿Por qué ese compromiso a estas alturas?*

S. H.: Presté mi apoyo a Europa Ecología en las elecciones europeas de junio de 2009, y luego en las regionales de 2010, en Île-de-France, como candidato en posición no elegible, a título simbólico. Era la primera vez en mi larga vida que me presentaba como candidato.

¿Por qué ese compromiso? Me considero socialista desde siempre, es decir, según el sentido que doy a ese término, consciente de la injusticia social. Pero los socialistas necesitan un revulsivo. Tengo la esperanza de ver emerger una izquierda valerosa, impertinente si es necesario, que pueda tener peso y defender una determinada concepción de las libertades de los ciudadanos. Además, me parece importante que haya Verdes en las instituciones, a fin de que la noción de conservación del planeta progrese.

Tal como hemos subrayado en un texto,[4] lo que la formación Europa Ecología encarna es una toma en consideración de la realidad en su globalidad, no sólo medioambiental, sino también humana, social, económica, política y cultural. No se trata de complacerse en la salvación o el rechazo del sistema menoscabado por la crisis, sino de reflexionar sobre alternativas creíbles.

G. V.: *El Pacto Ecológico inspiró el Grenelle* del Medio Ambiente. El Grenelle, tal como fue anunciado por el presidente de la República, ¿marca una reorientación política importante?*

S. H.: Yo me mostraría bastante generoso a este respecto: está muy bien haber convocado el Grenelle del Medio Ambiente, y cabe esperar que la iniciativa haya sido tomada de buena fe. Lo que resulta más problemático es cómo se va a utilizar lo que ha sido

4. Stéphane Hessel, Paul Virilio y Peter Sloterdijk, *Pour une politique de l'espérance: Europe Écologie.*

* El término «Grenelle», que alude a los Acuerdos de Grenelle, de mayo de 1968, designa, por analogía, el diálogo entre los representantes del Gobierno, las organizaciones profesionales y las ONG. El Grenelle del Medio Ambiente tomó el relevo del Pacto Ecológico propuesto por Nicolas Hulot, que dio lugar a la ley Grenelle, aprobada casi por unanimidad en octubre de 2008. *(N. de la t.)*

elaborado minuciosamente con ocasión de ese Grenelle. Es de temer que no se trate de una preocupación de nuestro presidente actual, que seguramente persigue otros objetivos, como el de ser reelegido en 2012.

En este punto volvemos a una cuestión fundamental: ¿cuál es el peso de la opinión pública y en especial de la opinión de los jóvenes? ¿Qué retendrán con la suficiente fuerza para imponer, al menos en las democracias, su punto de vista a sus dirigentes?

Ahí nos encontramos con otro problema, que a mi modo de ver constituye el meollo de todo cuanto podamos decir usted y yo: se trata de saber qué confianza podemos tener en la eficacia del compromiso cívico. Evidentemente resulta más fácil pensar que no es mi responsabilidad —que no me gustan los que dirigen actualmente la política y considero que no van de buena fe— y en consecuencia dedicarme a mis preocupaciones personales... Creo que esta tendencia se da en todas las sociedades. En la época de Vichy existía en la mayoría de la sociedad francesa. Hoy encontramos una diferencia entre militantes, resistentes y movilizados, por una parte, y la masa por otra. Me siento inclinado a afirmar que los cambios son siempre obra de un 10 a un 20 por ciento de las personas, como mucho, que son las que se mueven realmente, y que los demás se limitan a seguirlas. Lo cual da prueba de cierto optimismo.

G. V.: *El multiculturalismo es algo que lleva usted en el corazón. De hecho, resulta innegable que hay que abrirse a las otras culturas. Pero al mismo tiempo se desprenden de ello efectos perversos. ¿Cómo analiza el hecho de que países profundamente impregnados de culturas muy diferentes de las nuestras se hayan dejado invadir por la ideología consumista propia de nuestro modo de desarrollo? Pienso en China, la India, Japón, que han desarrollado economías destructoras del medio a pesar de que habían estructurado filosofías de proximidad con la naturaleza..., y eso ante la mirada o la ausencia de mirada de las grandes instituciones internacionales.*

S. H.: Es el principal reproche que cabe hacer a los veinte últimos años de nuestra historia. La globalización ha convertido en un modelo a imitar el desarrollo cultural de los países más ricos, a veces de los países más poderosos, como la Unión Soviética o la China posterior a Mao. Estas culturas tienen una tendencia natural a la expansión, y nosotros, los europeos, hemos sido los primeros en alentar ese movimiento. Europa, la primera parte del mundo en adquirir notable riqueza y poder, fue el origen de la aculturación de otras regiones: América y la Rusia soviética son hijas de Europa. Esta tendencia a la expansión ha creado riesgos reales: hemos alentado una economía predadora de la Tierra.

Las jóvenes generaciones pueden plantearse como objetivo proteger la afortunada diversidad de las culturas. Las necesitamos en el ámbito de la agricultura; los organismos genéticamente modificados y las multinacionales que los distribuyen constituyen verdaderos peligros porque limitan la diversidad de las culturas. Igualmente, iríamos directos al fracaso si las culturas se redujeran a una sola, ya fuese americana o china. Es importante proteger la multiplicidad de las culturas y velar por que se respeten mutuamente.

El derecho de cada cual a su cultura y a que ésta sea considerada por los demás como una realidad que hay que respetar es lo que permite a la coexistencia de las culturas crear algo distinto de la confrontación.

CRISIS E INSTITUCIONES INTERNACIONALES

G. V.: *La crisis no es sólo de índole económica y financiera, sino que se trata de una «policrisis», tal como la califica Edgar Morin. En el plano económico, se critica la falta de regulación. Usted, que es un incondicional de la ONU, ¿qué piensa de la responsabilidad de los organismos internacionales? ¿Tiene críticas que formular sobre las actividades del FMI, de la banca mundial, de la OMC? ¿Cree que van bien encaminados? ¿Hay que reorientarlos, reformarlos o bien cuestionar sus mismos cimientos?*

S. H.: La reforma de las instituciones que más me interesa es la creación de un Consejo de Seguridad Económica y Social, el cual reuniría por elección a los veinte o treinta Estados más responsables —diversos por su cultura, capaces de actuar por su autoridad— con el fin de instaurar una estrategia mundial que afrontara los grandes retos y ejerciera su autoridad sobre las instancias económicas, comerciales, de trabajo, de la salud... De ese modo el sistema de las Naciones Unidas tendría una cabeza. Sería algo parecido a una gobernanza mundial; no a un gobierno mundial, pues no estamos preparados para ello.

Eso forzosamente transformaría el funcionamiento de las instituciones económicas, regidas durante los últimos cincuenta años por los Estados más ricos, puesto que lo que prima hoy en día no es el principio de «un Estado, una voz», sino el de «un dólar, una voz». En consecuencia, favorecen los intereses de los Estados más ricos. La OMC, como su órgano de control, se encuentra en manos de los Estados comercialmente más importantes. También ésta se vería sometida en lo sucesivo a ese Consejo de Seguridad, y estaría obligada a tener en cuenta las necesidades de los Estados más desfavorecidos desde el punto de vista comercial.

La desregulación ha conducido al caos, a la crisis. Ahora bien, ese nuevo modo de gobernanza iría acompañado de una estrategia mundial para el funcionamiento de la economía, y por lo tanto de una regulación acrecentada.

G. V.: *¿Cree que la crisis puede volver a dispararse dentro de unos años, incluso de unos meses, a falta de una real comprensión y revisión del sistema global?*

S. H.: Creo que se ha tomado honda conciencia de ese riesgo. El G-20 —aunque carezca de legitimidad— demuestra que esos veinte Estados piensan que hay que actuar. Pero resulta evidente que la toma de conciencia no basta: se requiere una estrategia de regulación, firmada en acta por todos los Estados del planeta, con una insistencia lo bastante fuerte por parte de la población para conseguir que se lleve a la práctica.

El mundo desestabilizado en el que vivimos desde la crisis mundial —desestabilizado por los grandes aprovechados de la economía financiarizada mundial— es un mundo detestable. Hay que transformarlo lo más rápidamente posible en otro donde la justicia, la igualdad para todos, la libertad para todos puedan encontrar sus cimientos.

CONSTRUIR «ALTERNATIVAS»

G. V.: *Durante el Tour de Francia del desarrollo sostenible,* * *tuve ocasión de conocer a personas que actúan en el ámbito de la ecología, de la economía social, y que ponen en práctica iniciativas locales con el fin de proponer soluciones concretas y viables para salir de la crisis. Por su parte, ¿qué alternativas en marcha o en gestación identifica usted, que puedan ayudarnos a salir de esta crisis? ¿Cómo conseguir que se sumen, que se den a conocer y se entiendan, a fin de participar de una metamorfosis?*

* Iniciativa de tres estudiantes, entre ellos el coautor de este libro, Gilles Vanderpooten, cofundadores de la asociación Vive la Terre, que en junio de 2008 recorrieron Francia durante 30 días en busca de personas y empresas comprometidos en la búsqueda de una economía más humana y una relación más armoniosa con la naturaleza. El resultado se recoge en el libro *Le Tour de France du développement durable*, Éditions Alternatives, septiembre de 2010. *(N. de la t.)*

S. H.: Por supuesto, existen alternativas. Formas de economía solidaria pueden coexistir con formas capitalistas. Esta evolución resulta beneficiosa y está registrada en las mentalidades más modernas. Existe una economía social que me parece de buen augurio. Sin embargo, no cabe considerarla como algo susceptible de ocupar por completo el lugar de la economía de mercado convencional.

Poniendo límites y regulaciones a la economía de mercado se deja libre espacio a la economía social. Del mismo modo que hay que dejar sitio a todas las culturas en el mundo, en el interior de un país se debe hacer lo propio con todas las formas de coexistencia de los hombres; probablemente se necesitan religiones, pero también laicismo. Lo que nos lleva de nuevo al gran problema de la coexistencia de las diversidades.

G. V.: *Así pues, como vemos, a un reto global responden iniciativas locales...*

S. H.: En efecto, y hay que cuidar que lo local y lo global estén en equilibrio. La visión del mundo de mañana como un mundo más justo, más sabio, no puede ser sino global. Ahora bien, la realización y la acción que contribuyan a un mundo semejante sólo pueden ser locales. Lo peligroso sería que se multiplicaran experiencias locales en contradicción con una visión global y, con ellas, crispaciones identitarias, sectas, movimientos que pretendieran mantener sus privilegios. Nada resulta sencillo: estamos llegando a la complejidad y a la «ecología de la acción» de la que habla Edgar Morin. Todos los elementos interactúan. Cuando una cosa avanza, otra retrocede. El riesgo siempre estriba en que, al progresar en un ámbito, se experimente una regresión en otro.

Por consiguiente, el combate es múltiple, y es ahí donde se deben poner límites a la palabra «resistencia». Existe una vocación de resistencia, pero una construcción no puede limitarse a esto. Decíamos: «Resistir es crear; crear es resistir».[5] Pero hay que desconfiar. Debemos crear, no basta con resistir. Toda simplificación resulta siempre peligrosa. Hemos de acostumbrarnos a pensar con sabiduría, lo cual no tiene que ver ni con la inteligencia ni con la creatividad, sino con el sentido del equilibrio. No es posible ser solamente yin o solamente yang, es necesario un contrapeso.

5. En *L'Appel des Résistants* de marzo de 2004, veteranos de la Resistencia, entre ellos Stéphane Hessel —y Lucie Aubrac, Raymond Aubrac, Henri Bartoli, Daniel Cordier, Philippe Dechartre, Georges Guingouin, Maurice Kriegel-Valrimont, Lise London, Georges Séguy, Germaine Tillion, Jean-Pierre Vernant y Maurice Voutey—, llaman a la conmemoración del 60.º aniversario del Programa del Consejo Nacional de la Resistencia, establecido el 15 de marzo de 1944.

G. V.: *Utiliza usted habitualmente el término «estrategia»...*

S. H.: No basta con ser consciente, también hay que ser estratega. Espero de los responsables políticos que nos describan la estrategia que se proponen utilizar. En mi opinión, ésta sólo puede ser eficaz si tiene en cuenta los retos en su interacción.

No basta con tener una estrategia para el agua y otra para la energía: hay que adoptar una estrategia para el medio ambiente. No se puede tener una estrategia para la protección de la Tierra y otra para la lucha contra la pobreza y la injusticia, hay que adoptar una estrategia común que unifique ambos retos.

No es imposible. Resulta casi más fácil describir lo que habría que hacer que describir por qué habría que hacerlo. Una vez admitido que estos retos son los que hay que abordar, entonces la estrategia puede describirse en términos claros.

G. V.: *Las ONG ocupan un lugar creciente en nuestra evolución, suscitan vocaciones y esperanzas, nuevas solidaridades... Al mismo tiempo que nos alegramos al verlas adueñarse de los problemas y activarse para intentar resolverlos, cabe preguntarse hasta qué punto es legítimo y deseable que in-*

tervengan. Muchas de ellas aspiran a cambiar el mundo...

S. H.: Ésa es mi esperanza: creo que vivimos en un mundo de interdependencias en el que los cambios sólo pueden darse todos juntos. Lo cual implica solidaridad. Concretamente, esta solidaridad toma cuerpo en las redes, numerosas y cada vez más densas, de organizaciones cívicas, de defensa de los derechos humanos, de lucha por el desarrollo. En la actualidad las hay en ciento noventa y dos países, y eso constituye una masa.

Así es como se constituye lo que, a mi modo de ver, es capaz de hacer mover el mundo.

G. V.: *La influencia creciente de las ONG ¿no constituye en cierto modo una amenaza para la democracia? ¿Acaso no deben limitarse a su papel de contrapoder?*

S. H.: Las ONG distan de ser inocentes. No obstante, la noción misma de ONG sólo existe desde la Carta de las Naciones Unidas, que data de 1945. Fueron las Naciones Unidas las que consideraron que, junto con sus Estados miembros, tenía que haber organizaciones de estatus consultivo. Fue la primera vez en la historia del mundo que se reconoció de ese modo un estatus a la sociedad civil en un recinto de Estados. Hizo falta una ONU —una organización mundial de los Estados, de los gobernantes— para que se constituyeran las ONG, organizaciones no gubernamentales. Cobraron auge en los años noventa, contribuyendo a la emergencia de una especie de civismo mundial.

Es preciso que esas organizaciones puedan aportar ideas; no obstante, por el momento, la puesta en práctica de esas ideas sólo pueden llevarla a cabo los Estados, los únicos que disponen del poder, así como las instituciones gubernamentales, que pueden coordinar el poder de los Estados. En consecuencia, no hay que temer que las ONG se vuelvan peligrosas, pues, de cuanto puedan aportar, los Estados siguen en condiciones de tomar lo que les parezca aprovechable y, lamentablemente, en ocasiones de dejar de lado lo que podría resultar útil. Pero se trata del juego del civismo global.

Las organizaciones internacionales se componen de ciudadanos del mundo, y cuantas más haya, mejor.

G. V.: *Usted mismo se muestra muy activo en numerosas organizaciones, como Agrisud —la evocábamos hace un rato— o el Collegium Internacional ético y político...*

S. H.: En el Collegium Internacional ético, científico y político, creado por Michel Rocard y Milan Kučan, nos esforzamos, junto con personalidades procedentes del mundo entero —hombres de Estado, economistas como René Passet o el premio Nobel Amartya Sen, filósofos como Jürgen Habermas y Edgar Morin—, por encontrar métodos para incitar a los que toman decisiones a tomar conciencia y a prevenir los retos contemporáneos que nos preocupan: la violencia, la degradación del medio ambiente, la pérdida de sentido, la economía ultrafinanciarizada, ciega a todo lo humano... Es una manera de contribuir a alimentar la reflexión en una iniciativa de civismo mundial. Se trata de un lugar de confrontación intelectual, una instancia de reflexión, que existe porque los que toman decisiones no están en condiciones de responder a los problemas. Hay que intentar ayudarlos a encontrar soluciones, a tomar «buenas» decisiones, en el sentido del interés general y de la reabsorción de dichos problemas.

PLANTEARSE EL MAÑANA

G. V.: *A propósito del período en que se hallaba usted a cargo del Departamento de Asuntos Sociales en la ONU, ha dicho: «Fue tal vez el período más ambicioso de mi vida, tenía la fascinante sensación de trabajar no por la eternidad, sino por el futuro». ¿Cuál era entonces su visión del futuro y cuál es en la actualidad?*

S. H.: En los años que siguieron a mi salida de los campos de concentración, el problema del respeto de los derechos humanos me parecía lo más importante. Participar en la redacción de la Declaración Universal de los Derechos Humanos me hizo sentir que formaba parte de algo fundamental: la elaboración de un gran programa para el respeto de los derechos de las personas.

Corría el año 1945. En esa época, el reto consistía en emanciparse de las amenazas que el totalitarismo, el nazismo y el fascismo proyectaban sobre la humanidad, así como en obtener de los países miembros de la ONU un compromiso para respetar los derechos universales. La ambición era fenomenal: lograr que se pusieran de acuerdo los países del sur, el oeste y el este, países occidentales y orientales, en relación con cierto número de valores, libertades y derechos comunes, aun cuando no estuvieran forzosamente inscritos en sus tradiciones; consensuar un texto abierto a las culturas de todos los países, que no ofendiera a ninguna de ellas. Esta ambición se concretó el 10 de diciembre de 1948 en el palacio de Chaillot, en París, con la adopción, por parte de cuarenta y ocho Estados, de la Declaración Universal de los Derechos Humanos. Teníamos que vérnoslas al mismo tiempo con una organización mundial y con un texto basado en los derechos humanos, redactado por regímenes políticos muy diferentes. ¡La expresión «derechos humanos» jamás se había pronunciado en el ámbito mundial! Era la primera vez que considerábamos la sociedad mundial como única, interdependiente y solidaria. Por lo tanto, se trataba de algo inédito. Con un adjetivo ambicioso, «universal», nos dirigíamos al conjunto de las mujeres y los hombres del mundo, sin excepción.

¿Cuáles son esos derechos? Citaremos algunos: «Toda persona tiene derecho a circular libremente y a elegir su residencia en el territorio de un Estado; a salir de cualquier país, incluso el propio, y a regresar a su país» (artículo 13); «Los hombres y las mujeres disfrutarán de iguales derechos en cuanto al matrimonio, durante el matrimonio y en caso de disolución del matrimonio» (artículo 16); «Toda persona tiene derecho a la seguridad social y a obtener la satisfacción de los derechos económicos, sociales y culturales indispensables a su dignidad» (artículo 22); «Toda persona tiene derecho a un nivel de vida adecuado que le asegure la salud y el bienestar, y en especial la alimentación, el vestido, la vivienda, la asistencia médica y los servicios sociales necesarios» (artículo 25).

La Declaración desempeñó un poderoso papel: pueblos colonizados se apoyaron en ella en su lucha por la independencia, y todas las Constituciones de los nuevos Estados hacen referencia a ella. Se han llevado a cabo progresos considerables en el curso de los últimos sesenta años. Y si bien esos valores y esos derechos pueden parecernos evidentes y ampliamente compartidos, no nos llamemos a engaño: con frecuencia han sido vulnerados, incluso por los países llamados democráticos. Ningún Estado los respeta por completo. No hay más que ver el trato dispensado a los inmigrantes en Francia: el Gobierno sigue sin saber brindarles el recibimiento que merecerían. La forma en que se comporta en relación con el derecho de asilo y los sin papeles resulta indignante. Tenemos que ser muchos a la hora de protestar contra esas formas de violación de los derechos elementales. Los ciudadanos conocen sus derechos —cívicos, sociales, económicos, culturales— y pueden reivindicarlos, sobre todo ante los gobiernos, apelando a unos textos adoptados por los Estados. Está en su mano protestar, en especial al lado de los defensores de los derechos humanos, que en la actualidad constituyen una red mundial, sobre todo Amnistía Internacional, Human Rights Watch o la Federación Internacional de las Ligas de los Derechos Humanos (FIDH).

Lo que se ha conseguido es ingente... ¡Lo que resta por conseguir también lo es!

Más tarde comprendí que, además de estos problemas relativos a los derechos humanos, los de la naturaleza y el medio ambiente tenían al menos la misma importancia. En consecuencia, hoy considero que el futuro debe respetar por igual los derechos de las personas y los de la naturaleza. Se trata de un cambio en mi percepción, una adjunción.

Por lo demás, no he cambiado radicalmente, ni en mi relativo optimismo —mi confianza en la capacidad de las sucesivas generaciones para tomar en consideración sus problemas—, ni en mi convicción de que el desarrollo de la mente humana y de la conciencia moral tienen todavía vastos campos que cultivar. Cada generación se halla en condiciones de encontrar su lugar y su compromiso sartreano, según el cual un hombre sólo es un verdadero hombre si está realmente comprometido y se siente responsable.

G. V.: *«Nos está permitido pensar que el mundo va hacia una mayor libertad, solidaridad, responsabilidad..., hacia una mayor capacidad para escucharnos mutuamente, para dialogar», afirma usted. Parece profundamente optimista, aunque consciente de los enormes retos que nos aguardan. ¿Llegaría al extremo de seguir a Yves Coppens* cuando afirma: «¡Que dejen de pintar el futuro tan negro! El futuro es soberbio. La generación que viene aprenderá a [...] programar los climas, pasearse por las estrellas y colonizar los planetas que le plazca»?*

S. H.: Disponemos todavía de recursos considerables. Sin duda nuestro cerebro aún no ha hecho todo lo que podría hacer. Tal vez hayamos alcanzado, como creen algunos demógrafos, el punto de estabilidad en relación con el número de seres humanos sobre el planeta, diez mil millones. Cuando estemos estabilizados, podremos utilizar la fuerza mental, de

* Paleontólogo francés, uno de los descubridores de *Lucy*, el esqueleto de *australopithecus* hallado en 1974 en Etiopía, y autor de una conocida teoría sobre los orígenes del bipedismo humano. *(N. de la t.)*

reflexión, así como la capacidad técnica de estos diez mil millones de cerebros humanos, y de ese modo sin duda podremos hacer cosas de las que hoy no tenemos idea.

Con todo, la humanidad, la especie humana, es una especie joven. Apenas ocupamos en el cosmos un reducido espacio, y desde hace un período de tiempo infinitamente pequeño en comparación con todo lo que el universo ha conocido. Ir a otros planetas me parece improbable. Pero utilizar los recursos que se encuentran a nuestra disposición, éticos, científicos, materiales, intelectuales..., ¿por qué no? Debemos, por ejemplo, aprender a ser menos violentos, para franquear no pocos obstáculos. Nada está excluido, somos una especie joven pero que puede irse al garete mañana, desaparecer... Ya hemos hecho muchas estupideces y podemos seguir haciéndolas, algunas bombas atómicas bien colocadas y sería el fin. Por consiguiente, no estamos en un momento de la historia de nuestra especie en el que quepa decir: «La cosa va de maravilla, sigamos así». Pero podemos decirnos: «Comprendemos cosas, debemos transformarnos, podemos abordar una nueva fase de la existencia de la especie humana sobre este pequeño planeta que aún puede ofrecernos maravillosos horizontes».

G. V.: *Es obvio que conserva usted la creencia fundamental en el progreso humano.*

S. H.: Sí, la confianza en el hombre. Se trata de un animal peligroso y susceptible de cargárselo todo —ha dado varios ejemplos flagrantes—, ¡pero es formidablemente capaz de abordar nuevos problemas con nuevas ideas!

Siempre puede intervenir la suerte... Precisamente, lo que caracteriza mi vida es la suerte. He sido sumamente afortunado. He pasado por cosas que han salido mal y he logrado salir indemne. Por eso proyecto esa visión esperanzada sobre la historia. La historia puede producir suerte: es lo que podemos llamar optimismo. Aunque estoy dispuesto a reconocer que no siempre es cierto. Si mi vida constituye para mí la confirmación de que es la suerte la que domina, eso me permite decir que si bien nos enfrentamos a retos cada vez más graves, la posibilidad de superarlos victoriosamente es también cada vez mayor.

LA TRANSMISIÓN INTERGENERACIONAL

G. V.: *Como las generaciones futuras no tienen voz ni voto, las decisiones las toman de facto las generaciones presentes... ¿Le parece deseable, y posible, constituir un «movimiento intergeneracional» —que reuniría a representantes de las jóvenes generaciones, respaldados por «sabios»— para afirmar la necesidad de considerar en todas las decisiones los intereses de las generaciones por llegar?*

S. H.: Creo que eso forma parte del término «sostenible». Tenemos conciencia de que lo que hacemos hoy puede perjudicar a nuestros hijos y nietos..., yo tengo cinco. Sabemos que tenemos responsabilidades con el futuro, y eso es positivo porque también podríamos decir: «Vivamos bien el día a día y luego ya veremos».

La expresión «conciencia ética» debe volvernos sensibles al hecho de que lo que hacemos hoy tendrá repercusiones sobre los que vengan a continuación. Está bien que reflexionemos sobre ello y que hagamos lo máximo posible por que las generaciones siguientes puedan proseguir felizmente su existencia.

Lo de «intergeneracional» resulta un poco vago, pero digamos que existe un envejecimiento de la población; cada vez hay más personas de edad, incluso de edad avanzada. Debemos intentar aprovecharlo, es decir, que no caiga en saco roto aquello de lo que han sido testigos, y de ese modo mantener la preocupación por una cierta memoria.

Creo que es positivo que los jóvenes tengan contacto con los ancianos y que éstos puedan transmitirles un mensaje. Sin embargo, eso no debe conducir a una dominación de las generaciones mayores, ¡por fortuna se puso fin a ello en 1968! Hay que suscitar la renovación, de tal suerte que la creatividad de los jóvenes no se vea sesgada por un respeto excesivo de la tradición o de la autoridad de los ancianos. Es deseable que se produzcan intercambios, que los viejos aprendan cómo reaccionan los jóvenes, y que éstos aprendan algo de la experiencia acumulada por los mayores.

G. V.: *«Vive el futuro»: ¿es éste un mensaje que cabe transmitir a los jóvenes?*

S. H.: En esto me mostraré con doble cara: ¡cuidado con el futuro y vive el futuro! No subestimemos los peligros, y sepamos al mismo tiempo que todo peligro puede ser afrontado y superado. No obstante, desconfío del puro «vive el futuro, vamos allá, adelante, forzosamente la cosa irá muy bien».

APÉNDICE

DECLARACIÓN UNIVERSAL DE LOS DERECHOS HUMANOS

Stéphane Hessel, a la sazón jefe de gabinete de Henri Laugier, secretario general adjunto de las Naciones Unidas, participa en Nueva York, desde 1946 hasta 1948, en las reuniones durante las cuales se redacta la Declaración Universal de los Derechos Humanos. «Fue tal vez el período más ambicioso de mi vida, tenía la fascinante sensación de trabajar no por la eternidad, sino por el futuro», dijo entonces. Este texto de valor simbólico, adoptado el 10 de diciembre de 1948, proclama por primera vez los derechos humanos fundamentales comunes a todos los pueblos.

Preámbulo

Considerando que la libertad, la justicia y la paz en el mundo tienen por base el reconocimiento de la dignidad intrínseca y de los derechos iguales e inalienables de todos los miembros de la familia humana;

Considerando que el desconocimiento y el menosprecio de los derechos humanos han originado actos de barbarie ultrajantes para la conciencia de la humanidad; y que se ha proclamado, como la aspiración más elevada del hombre, el advenimiento de un mundo en que los seres humanos, liberados del temor y de la miseria, disfruten de la libertad de palabra y de la libertad de creencias;

Considerando esencial que los derechos humanos sean protegidos por un régimen de Derecho, a fin de que el hombre no se vea compelido al supremo recurso de la rebelión contra la tiranía y la opresión;

Considerando también esencial promover el desarrollo de relaciones amistosas entre las naciones;

Considerando que los pueblos de las Naciones Unidas han reafirmado en la Carta su fe en los derechos fundamentales del hombre, en la dignidad y el valor de las personas y en la igualdad de derechos de hombres y mujeres; y se han declarado resueltos a promover el progreso social y a elevar el nivel de vida dentro de un concepto más amplio de la libertad;

Considerando que los Estados Miembros se han comprometido a asegurar, en cooperación con la Organización de las Naciones Unidas, el respeto universal y efectivo a los derechos y libertades fundamentales del hombre; y

Considerando que una concepción común de estos derechos y libertades es de la mayor importancia para el pleno cumplimiento de dicho compromiso, la Asamblea General proclama la presente Declaración Universal de los Derechos Humanos como ideal común por el que todos los pueblos y naciones deben esforzarse, a fin de que tanto los individuos como las instituciones, inspirándose constantemente en ella, promuevan, mediante la enseñanza y la educación, el respeto a estos derechos y libertades, y aseguren, por medidas progresivas de carácter nacional e internacional, su reconocimiento y aplicación universales y efectivos, tanto entre los pueblos de los Estados Miembros como entre los de los territorios colocados bajo su jurisdicción.

ARTÍCULO 1
Todos los seres humanos nacen libres e iguales en dignidad y derechos y, dotados como están de razón y conciencia, deben comportarse fraternalmente los unos con los otros.

ARTÍCULO 2
Toda persona tiene los derechos y libertades proclamados en esta Declaración, sin distinción alguna de raza, color, sexo, idioma, religión, opinión política o de cualquier otra índole, origen nacional o social, po-

sición económica, nacimiento o cualquier otra condición.
2. Además, no se hará distinción alguna fundada en la condición política, jurídica o internacional del país o territorio de cuya jurisdicción dependa una persona, tanto si se trata de un país independiente, como de un territorio bajo administración fiduciaria, no autónomo o sometido a cualquier otra limitación de soberanía.

ARTÍCULO 3
Todo individuo tiene derecho a la vida, a la libertad y a la seguridad de su persona.

ARTÍCULO 4
Nadie estará sometido a esclavitud ni a servidumbre; la esclavitud y la trata de esclavos están prohibidas en todas sus formas.

ARTÍCULO 5
Nadie será sometido a torturas ni a penas o tratos crueles, inhumanos o degradantes.

ARTÍCULO 6
Todo ser humano tiene derecho, en todas partes, al reconocimiento de su personalidad jurídica.

Artículo 7
Todos son iguales ante la ley y tienen, sin distinción, derecho a igual protección de la ley. Todos tienen derecho a igual protección contra toda discriminación que infrinja esta Declaración y contra toda provocación a tal discriminación.

Artículo 8
Toda persona tiene derecho a un recurso efectivo, ante los tribunales nacionales competentes, que la ampare contra actos que violen sus derechos fundamentales reconocidos por la constitución o por la ley.

Artículo 9
Nadie podrá ser arbitrariamente detenido, preso ni desterrado.

Artículo 10
Toda persona tiene derecho, en condiciones de plena igualdad, a ser oída públicamente y con justicia por un tribunal independiente e imparcial, para la determinación de sus derechos y obligaciones o para el examen de cualquier acusación contra ella en materia penal.

Artículo 11
1. Toda persona acusada de delito tiene derecho a que se presuma su inocencia mientras no se pruebe su

culpabilidad, conforme a la ley y en juicio público en el que se le hayan asegurado todas las garantías necesarias para su defensa.
2. Nadie será condenado por actos u omisiones que en el momento de cometerse no fueron delictivos según el Derecho nacional o internacional. Tampoco se impondrá pena más grave que la aplicable en el momento de la comisión del delito.

Artículo 12
Nadie será objeto de injerencias arbitrarias en su vida privada, su familia, su domicilio o su correspondencia, ni de ataques a su honra o a su reputación. Toda persona tiene derecho a la protección de la ley contra tales injerencias o ataques.

Artículo 13
1. Toda persona tiene derecho a circular libremente y a elegir su residencia en el territorio de un Estado.
2. Toda persona tiene derecho a salir de cualquier país, incluso el propio, y a regresar a su país.

Artículo 14
1. En caso de persecución, toda persona tiene derecho a buscar asilo, y a disfrutar de él, en cualquier país.

2. Este derecho no podrá ser invocado contra una acción judicial realmente originada por delitos comunes o por actos opuestos a los propósitos y principios de las Naciones Unidas.

ARTÍCULO 15
1. Toda persona tiene derecho a una nacionalidad.
2. A nadie se privará arbitrariamente de su nacionalidad ni del derecho a cambiar de nacionalidad.

ARTÍCULO 16
1. Los hombres y las mujeres, a partir de la edad núbil, tienen derecho, sin restricción alguna por motivos de raza, nacionalidad o religión, a casarse y fundar una familia; y disfrutarán de iguales derechos en cuanto al matrimonio, durante el matrimonio y en caso de disolución del matrimonio.
2. Sólo mediante libre y pleno consentimiento de los futuros esposos podrá contraerse el matrimonio.
3. La familia es el elemento natural y fundamental de la sociedad y tiene derecho a la protección de la sociedad y del Estado.

ARTÍCULO 17
1. Toda persona tiene derecho a la propiedad, individual y colectivamente.
2. Nadie será privado arbitrariamente de su propiedad.

ARTÍCULO 18
Toda persona tiene derecho a la libertad de pensamiento, de conciencia y de religión; este derecho incluye la libertad de cambiar de religión o de creencia, así como la libertad de manifestar su religión o su creencia, individual y colectivamente, tanto en público como en privado, por la enseñanza, la práctica, el culto y la observancia.

ARTÍCULO 19
Todo individuo tiene derecho a la libertad de opinión y de expresión; este derecho incluye el no ser molestado a causa de sus opiniones, el de investigar y recibir informaciones y opiniones, y el de difundirlas, sin limitación de fronteras, por cualquier medio de expresión.

ARTÍCULO 20
1. Toda persona tiene derecho a la libertad de reunión y de asociación pacíficas.
2. Nadie podrá ser obligado a pertenecer a una asociación.

ARTÍCULO 21
1. Toda persona tiene derecho a participar en el gobierno de su país, directamente o por medio de representantes libremente escogidos.

2. Toda persona tiene el derecho de acceso, en condiciones de igualdad, a las funciones públicas de su país.
3. La voluntad del pueblo es la base de la autoridad del poder público; esta voluntad se expresará mediante elecciones auténticas que habrán de celebrarse periódicamente, por sufragio universal e igual y por voto secreto u otro procedimiento equivalente que garantice la libertad del voto.

ARTÍCULO 22

Toda persona, como miembro de la sociedad, tiene derecho a la seguridad social, y a obtener, mediante el esfuerzo nacional y la cooperación internacional, habida cuenta de la organización y los recursos de cada Estado, la satisfacción de los derechos económicos, sociales y culturales, indispensables a su dignidad y al libre desarrollo de su personalidad.

ARTÍCULO 23

1. Toda persona tiene derecho al trabajo, a la libre elección de su trabajo, a condiciones equitativas y satisfactorias de trabajo y a la protección contra el desempleo.
2. Toda persona tiene derecho, sin discriminación alguna, a igual salario por trabajo igual.
3. Toda persona que trabaja tiene derecho a una re-

muneración equitativa y satisfactoria, que le asegure, así como a su familia, una existencia conforme a la dignidad humana y que será completada, en caso necesario, por cualesquiera otros medios de protección social.
4. Toda persona tiene derecho a fundar sindicatos y a sindicarse para la defensa de sus intereses.

Artículo 24
Toda persona tiene derecho al descanso, al disfrute del tiempo libre, a una limitación razonable de la duración del trabajo y a vacaciones periódicas pagadas.

Artículo 25
1. Toda persona tiene derecho a un nivel de vida adecuado que le asegure, así como a su familia, la salud y el bienestar, y en especial la alimentación, el vestido, la vivienda, la asistencia médica y los servicios sociales necesarios; tiene asimismo derecho a los seguros en caso de desempleo, enfermedad, invalidez, viudez, vejez y otros casos de pérdida de sus medios de subsistencia por circunstancias independientes de su voluntad.
2. La maternidad y la infancia tienen derecho a cuidados y asistencia especiales. Todos los niños, nacidos de matrimonio o fuera de matrimonio, tienen derecho a igual protección social.

ARTÍCULO 26

1. Toda persona tiene derecho a la educación. La educación debe ser gratuita, al menos en lo concerniente a la instrucción elemental y fundamental. La instrucción elemental será obligatoria. La instrucción técnica y profesional habrá de ser generalizada; el acceso a los estudios superiores será igual para todos, en función de los méritos respectivos.

2. La educación tendrá por objeto el pleno desarrollo de la personalidad humana y el fortalecimiento del respeto a los derechos humanos y a las libertades fundamentales; favorecerá la comprensión, la tolerancia y la amistad entre todas las naciones y todos los grupos étnicos o religiosos, y promoverá el desarrollo de las actividades de las Naciones Unidas para el mantenimiento de la paz.

3. Los padres tendrán derecho preferente a escoger el tipo de educación que habrá de darse a sus hijos.

ARTÍCULO 27

1. Toda persona tiene derecho a tomar parte libremente en la vida cultural de la comunidad, a gozar de las artes y a participar en el progreso científico y en los beneficios que de él resulten.

2. Toda persona tiene derecho a la protección de los intereses morales y materiales que le correspondan

por razón de las producciones científicas, literarias o artísticas de que sea autora.

ARTÍCULO 28

Toda persona tiene derecho a que se establezca un orden social e internacional en el que los derechos y libertades proclamados en esta Declaración se hagan plenamente efectivos.

ARTÍCULO 29

1. Toda persona tiene deberes respecto a la comunidad, puesto que sólo en ella puede desarrollar libre y plenamente su personalidad.
2. En el ejercicio de sus derechos y en el disfrute de sus libertades, toda persona estará solamente sujeta a las limitaciones establecidas por la ley con el único fin de asegurar el reconocimiento y el respeto de los derechos y libertades de los demás, y de satisfacer las justas exigencias de la moral, del orden público y del bienestar general en una sociedad democrática.
3. Estos derechos y libertades no podrán en ningún caso ser ejercidos en oposición a los propósitos y principios de las Naciones Unidas.

ARTÍCULO 30

Nada en la presente Declaración podrá interpretarse en el sentido de que confiere derecho alguno al Estado, a un grupo o a una persona, para emprender y desarrollar actividades o realizar actos tendientes a la supresión de cualquiera de los derechos y libertades proclamados en esta Declaración.